Nicolas Feisst

Franz Kafka: Der Prozess - Inhaltsangabe und Personenbeschreibung

GRIN Verlag

Bibliografische Information der Deutschen Nationalbibliothek:

Die Deutsche Bibliothek verzeichnet diese Publikation in der Deutschen National-
bibliografie; detaillierte bibliografische Daten sind im Internet über http://dnb.d-
nb.de/ abrufbar.

Dieses Werk sowie alle darin enthaltenen einzelnen Beiträge und Abbildungen
sind urheberrechtlich geschützt. Jede Verwertung, die nicht ausdrücklich vom
Urheberrechtsschutz zugelassen ist, bedarf der vorherigen Zustimmung des Verla-
ges. Das gilt insbesondere für Vervielfältigungen, Bearbeitungen, Übersetzungen,
Mikroverfilmungen, Auswertungen durch Datenbanken und für die Einspeicherung
und Verarbeitung in elektronische Systeme. Alle Rechte, auch die des auszugsweisen
Nachdrucks, der fotomechanischen Wiedergabe (einschließlich Mikrokopie) sowie
der Auswertung durch Datenbanken oder ähnliche Einrichtungen, vorbehalten.

Impressum:

Copyright © 2011 GRIN Verlag GmbH
Druck und Bindung: Books on Demand GmbH, Norderstedt Germany
ISBN: 978-3-656-31048-8

Dieses Buch bei GRIN:

http://www.grin.com/de/e-book/197135/franz-kafka-der-prozess-inhaltsangabe-
und-personenbeschreibung

GRIN - Your knowledge has value

Der GRIN Verlag publiziert seit 1998 wissenschaftliche Arbeiten von Studenten, Hochschullehrern und anderen Akademikern als eBook und gedrucktes Buch. Die Verlagswebsite www.grin.com ist die ideale Plattform zur Veröffentlichung von Hausarbeiten, Abschlussarbeiten, wissenschaftlichen Aufsätzen, Dissertationen und Fachbüchern.

Besuchen Sie uns im Internet:

http://www.grin.com/

http://www.facebook.com/grincom

http://www.twitter.com/grin_com

Franz Kafka – Der Prozess 1

Inhaltsangabe + Personenbeschreibung

Von Nicolas Feißt

Im Fach Deutsch

–

Gymnasiale Oberstufe Baden-Württemberg

Erstes Kapitel

Verhaftung / Gespräch mit Frau Grubach / Dann Fräulein Bürstner

An seinem 30. Geburtstag erfährt Josef K. eine sonderbare Überraschung: noch aus dem Bett heraus wird er verhaftet. Bereits kurz nach dem Aufstehen hatte er eine Veränderung bemerkt, da ihm die Köchin nicht wie gewohnt das Frühstück an das Bett brachte. An ihrer Stelle findet K. zwei Wächter, Franz und Willem, vor, die ihm mitteilen, dass er verhaftet sei. Jedoch können und dürfen beide, die K. als ziemlich einfache und einfältige Personen erscheinen, diesem keine weitere Auskunft geben, was der Anlass der Verhaftung sei. Die Wächter bieten ihm an, seine Sachen aufzubewahren, da sie sonst in den Depot kämen, sie zeigen sich also freundlich gegenüber K., dass dies jedoch nur Schein ist, erkennt K. kurz darauf, als Franz und Willem sein Frühstück verspeisen. Kurzzeitig geht K. davon aus, dass seine Kollegen von der Bank, bei welcher er eine hohe Stellung einnimmt, sich einen Scherz zu seinem Geburtstag erlauben, er verwirft den Gedanken jedoch wieder, da seiner Meinung nach sonst auch die Mieter in der Pension involviert sein müssten. Er wird in das Zimmer nebenan gerufen, welches normalerweise von Fräulein Bürstner bewohnt wird, kurzerhand aber zu einer Art Verhandlungszimmer umfunktioniert wurde, wo ihn der Aufseher erwartet. K. ist froh, endlich einem vernünftigen Menschen gegenübertreten zu dürfen, seine Hoffnungen werden allerdings schon bald zunichte gemacht, da der Aufseher ihm deutlich klarmacht, dass er für ihn wie jeder andere Angeklagte zu behandeln sei. Neben dem Aufseher befinden sich die zwei Wächter sowie drei weitere Personen, die sich als Arbeitskollegen aus der Bank zu erkennen geben, in dem Zimmer. Nachdem diese drei das Zimmer des Fräulein Bürstners durchstöbert haben, begleiten sie ihn zur Bank, wo er seiner Arbeit wie gewohnt nachgehen solle. Auch sonst solle die Verhaftung weder seine Lebensweise noch seinen Beruf in keinster Weise beeinträchtigen.

Am Abend kommt K. nach der Arbeit sofort nach Hause, um sich bei Frau Grubach, der Vermieterin, für die Vorkommnisse am Morgen zu entschuldigen.

Diese betont daraufhin wiederholt, dass K. ihr liebster Mieter sei und verzeiht ihm die Geschehnisse, löst aber mit einer Bemerkung Fräulein Bürstner betreffend ein Wortgefecht mit K. aus. Obwohl er noch nie mehr als Grußworte mit ihr gewechselt hatte, beschließt er, sich auch bei Fräulein Bürstner zu entschuldigen und lauert ihr am Abend auf. Widerwillig lässt sie K. herein und er erfährt, dass sie eine Anstellung als Kanzleikraft in einem Advokatenbüro beginnen wird und somit als Hilfe im Prozess in Frage käme. Während er zur besseren Darstellung die Szene des Morgens räumlich zeigt, werden sie durch das Klopfen eines Hauptmannes, der ein Verwandter Frau Grubachs ist und zur Miete im Wohnzimmer wohnt, erschreckt. Daraufhin verabschiedet sich K. und überhäuft Fräulein Bürstner mit Küssen.

Zweites Kapitel
Erste Untersuchung

Telefonisch erfährt K., dass für den Sonntag nach seiner Verhaftung die erste Untersuchung angesetzt ist. An besagtem Tage macht sich K. also auf den Weg und kommt in ein ärmeres Viertel, wo er nach langem Suchen und kurz vor der Aufgabe von einer jungen Frau angesprochen wird, die ihn in ein Zimmer führt, wo es eng und stickig ist. Das Zimmer ist völlig überfüllt und in zwei Parteien geteilt, vorne sitzt der Untersuchungsrichter. Nachdem er aufgrund seiner langen Suche verspätet eintrifft, ermahnt ihn der Untersuchungsrichter, fragt ihn aber gleichzeitig, ob er der Zimmermaler sei. Als einzige Unterlage hat der Untersuchungsrichter ein altes Heft, das ihm K. kurzzeitig aus den Händen nimmt, da er sich vom Publikum angespornt fühlt und dieses auf seine Seite bringen will. Er beginnt seine Rede, wo er mit dem Gericht, dessen Wesen und dessen Verfahrensweise abrechnet. Der Untersuchungsrichter schweigt währenddessen, und auch K. muss, nachdem der Untersuchungsrichter jemandem im Publikum ein Zeichen gibt, erkennen, dass beide Parteien die gleichen Abzeichen tragen, was ihn dazu bringt, anzunehmen, dass alle unter einer Decke stecken. Trotzdem fühlt er sich weiter überlegen und nimmt kein Blatt vor den Mund, auch ein Liebespaar in der Ecke bringt ihn nicht aus der Fassung, jedoch lenkt es das Publikum ab, welchem K.s lange Rede zu langatmig scheint. K. beschimpft die Gerichtsleute als „korrupte Bande" (S. 51 Z. 22) und verabschiedet sich mit den Worten „Ihr Lumpen [...] ich schenke euch alle Verhöre" (S. 52 Z. 6ff), nachdem ihn der Untersuchungsrichter trotz der ausdrucksstarken Rede nüchtern und teilnahmslos in die Schranken weist.

3

Drittes Kapitel
Im leeren Sitzungssaal
Der Student
Die Kanzleien

Da er in der zweiten Woche nach der Verhaftung nichts vom Gericht hört, beschließt er, am Sonntag erneut in das Haus zurückzukehren, jedoch muss er feststellen, dass der „Gerichtssaal" nun ein normales Wohnzimmer ist. Dort trifft er wieder auf die junge Frau, die sich als Frau des Gerichtsdieners ausgibt. Wie sich herausstellt, war sie und ein Student das Liebespaar, das K.s Rede unterbrach. Sie erklärt ihm, dass der Student um sie wirbt und sie das Verhältnis eingehen müsse, da dieser später zu großer Macht kommen könne. Außerdem nähert sie sich während des Gesprächs merklich an K. an. Durch ihre erotische Ausstrahlung hofft sie, K. für seinen Prozess eine Hilfe zu sein, da auch der Untersuchungsrichter sie begehre, ihre Unterhaltung wird jedoch von dem Studenten unterbrochen. Dieser nutzt seine Position aus und trägt die Frau vor K., der mit ihr weggehen wollte, weg, um sie zum Untersuchungsrichter zu bringen. K., der von der Frau ebenfalls angetan war, gerät in Streit mit dem Studenten, lässt das Paar dann aber fortgehen.

Als er noch in dem Zimmer wartet, kehrt der Gerichtsdiener, völlig außer Atem, zurück und erklärt, dass der Student und der Untersuchungsrichter ihn immer unter einem Vorwand weglocken, um seine Frau zu sich holen zu können. K. begleitet den Mann in die Gerichtskanzlei, die auf einem Dachboden in einem der Mietshäuser liegt. Die Luft dort ist schlecht und stickig, sodass K. zunehmend die Besinnung verliert und schlussendlich der Ohnmacht nahe ist. Der Gerichtsdiener lässt ihn alleine, doch eine Frau und der Auskunftgeber begleiten ihn wieder nach draußen, wo er sich plötzlich bester Gesundheit erfreut und wie beflügelt den Nachhauseweg antritt.

4

Viertes Kapitel
Freundin des Fräulein Bürstner

Da ihn die Vorfälle aus der Nacht nach seiner Verhaftung immer noch beschäftigen, schreibt K. an Fräulein Bürstner zwei Briefe, wartet auf sie und sucht die Gelegenheit, mit ihr ins Gespräch zu kommen. Jedoch scheitern all seine Bemühungen und seine Briefe werden von ihr ignoriert. Eines Sonntags wird er frühmorgens von störenden Geräuschen in der Pension geweckt. Es stellt sich heraus, dass Fräulein Montag, eine Freundin Fräulein Bürstners, die schon länger in der Pension lebt, zu letzterer ins Zimmer übersiedelt. Nebenbei kommt es zur Versöhnung K.s mit Frau Grubach, mit der er zuvor tagelang nicht geredet hatte. Fräulein Montag möchte mit K. sprechen und erklärt ihm, dass sie ihm anstelle von Fräulein Bürstner die Nachricht überbringe, dass diese ihn weder sehen noch mit ihm reden wolle. Auch ein letzter Versuch K.s, sie in ihrem Zimmer zu sehen, misslingt.

5

Fünftes Kapitel
Der Prügler

Als K. eines Tages von der Bank nach Hause gehen will, bemerkt er in der Rumpelkammer des Bankinstituts seltsame Geräusche. Er findet dort Franz und Willem, die Wächter von K.s Verhaftung, vor, die von dem Prügler, einem kräftigen Mann mit einer Rute, für ihr Fehlverhalten bei der Verhaftung bestraft werden sollen. K. fühlt sich schuldig, da er nicht die Absicht hatte, dass die zwei bestraft würden, und so versucht er den Prügler – allerdings vergeblich – zu bestechen. Die Schreie der Wächter rufen die Bankdiener hinzu, K. schließt aber die Tür und leugnet die Szenerie. Als ihm die Wächter am nächsten Tag nicht aus dem Kopf gehen und er diese noch immer mit dem Prügler in der Rumpelkammer vorfindet, hält er es nicht mehr aus und sagt zu den Bankdienern, dass sie die Rumpelkammer am nächsten Tag ausräumen sollen.

Sechstes Kapitel
Der Onkel – Leni

K.s Onkel Albert (*evtl. auch Karl*), den dieser auch „das Gespenst vom Lande" nennt, besucht ihn, da er in einem Brief von seiner Tochter von K.s Prozess erfuhr. Dieser lässt sich aufgrund der Gleichgültigkeit, mit welchem K. dem Prozess gegenübertritt, nicht beruhigt und nimmt ihn mit zu seinem Freund, dem Advokaten Huld. Dieser ist krank, will K. jedoch bei dessen Verfahren behilflich sein. Da ihn die Gespräche des Onkels mit dem Advokaten, der überdies noch Besuch vom Kanzleidirektor hat, langweilen, lässt sich K. zu Leni, der Pflegerin des Advokaten, hinauslocken. Diese begehrt ihn und ist wie verrückt nach ihm, was K. auch erwidert. Als er sie küsst, ruft sie, dass er nun ihr gehöre. Sie hat viel Ahnung vom Gericht und rät ihm, das Geständnis zu machen und nachgiebiger zu sein. Während all der Stunden, die K. bei Leni verbringt, warten die anderen drei Herren auf K.s Rückkehr. Der Onkel ist deshalb außer sich, dass K. die Chance, bei solch einflussreichen Herren Hilfe für den Prozess zu gewinnen, mit Füßen tritt.

6

Achtes Kapitel
Kaufmann Block – Kündigung des Advokaten

K. beschließt, dem Advokaten die Verteidigung zu entziehen. Als er bei diesem spätabends eintrifft, lernt er dort Kaufmann Block, der ebenfalls ein Klient des Advokaten ist, kennen. Block erzählt K., dass er neben Advokat Huld noch fünf weitere Winkeladvokaten beschäftigt und sein Prozess bereits über fünf Jahre dauere, trotzdem seien kaum Fortschritte sichtbar.

K. entzieht dem Advokaten die Verteidigung, und dieser entgegnet, dass er es bereue ihn betreut zu haben. Um zu demonstrieren, wie abhängig ein Klient vom Advokaten ist und um K. umzustimmen, ruft Huld Block zu sich, der sich vor diesem nach gröbsten Erniedrigungen demütigt. Hulds Machtdemonstration lässt K. jedoch kalt. *Das Kapitel wurde von Kafka nicht beendet und endet mitten im Gespräch von Huld, K., Leni und Block.*

Siebentes Kapitel

Advokat – Fabrikant – Maler

Seit Advokat Huld die Verteidigung übernimmt, geht K. der Prozess keine Sekunde mehr aus dem Kopf, und so fasst er den Gedanken, selbst eine Verteidigungsschrift auszuarbeiten. Vom Advokaten hat K. seit einem Monat nichts mehr gehört und auch sonst ist K. mit dessen Arbeit nicht gerade zufrieden, da er jedes Mal ausschweifende Reden hält. K. erfährt hier zwar unter anderem, dass Beziehungen der Hauptwert der Verteidigung seien und Dr. Huld diese zweifellos besäße, und dass man keine Aufmerksamkeit bei Gericht erregen solle, was K. jedoch auch schon tat. Auch die Chance den Kanzleidirektor vertrieben zu haben werde ihm nicht positiv in die Karten spielen. K. ist die ewigen Reden Hulds Leid und er zweifelt an ihm. Dieser entgegnet aber, dass es ein sehr schwieriger Prozess sei und es ein Nachteil ist, dass K. sich erst so spät an ihn gewendet habe.

Als K. jedoch selbst mit der Eingabe beginnt, merkt er, wie lästig dies ist, und kann sich nicht mehr auf seinen Beruf konzentrieren, da jeder Gedanke nur um den Prozess spielt. Als ein Fabrikant ein wichtiges Geschäft hat, ist K. so zerstreut, dass der Direktor-Stellvertreter eingreift. Der Direktor-Stellvertreter nutzt K.s Schwäche zu seinen Gunsten aus, um dessen Ansehen zu schädigen. Der Fabrikant aber bemerkt K.s Not und verweist ihn zu Titorelli, dem Gerichtsmaler. K. besucht diesen in der Hoffnung auf neue Erkenntnisse. Titorellis Meinung lautet, dass es aussichtslos sei, jemals einen Prozess vollständig zu gewinnen. Er fragt K. wiederholt, ob er wirklich unschuldig sei, und dieser bejaht. Deshalb nennt Titorelli drei Möglichkeiten der Befreiung: die wirkliche Freisprechung, die er aber in all den Jahren am Gericht noch nie erlebt habe, die scheinbare Freisprechung, die besagt, dass das Verfahren zwischen den oberen und unteren Gerichten pendelt oder die Verschleppung, die beinhaltet, dass der Prozess immer in niedrigen Stadien gehalten werde. Bei den zwei letzteren Möglichkeiten könne Titorelli ihm durch seinen Einfluss helfen, jedoch müsse dieser Aufwand jahrelang betrieben werden, da immer neue Verhaftungen oder Untersuchungen anstehen können, für die die Richter ständig neu gewonnen werden müssen. K. lauscht den Erklärungen Titorellis angespannt, die schlechte Luft und das daraus resultierende Schwindelgefühl zwingen ihn aber, sich auf den Nachhauseweg zu machen, nachdem er noch einige Bilder des Malers gekauft hat.

7

Neuntes Kapitel
Im Dom

K. soll mit einem italienischen Geschäftsmann den Dom besichtigen, da dieser für die Bank wichtig sei. Trotz größter Sorgen um seine Arbeit und seine Stellung in der Bank willigt K. ein. Kurz bevor er aufbricht, ruft Leni ihn an und warnt ihn, dass sie ihn hetzen würden. Der Italiener ist zur ausgemachten Uhrzeit nicht am Dom, und so besichtigt K. diesen alleine. Er entdeckt eine kleine Nebenkanzlei, wo ein Geistlicher wie zur Predigt aufruft, obwohl K. alleine ist. Als er dessen Namen ruft, beendet K. seinen Versuch zu flüchten und geht zu dem Geistlichen, der sich als Gefängniskaplan zu erkennen gibt. Er weiß, dass es schlecht um K.s Prozess steht und dass dieser ein ungünstiges Ende haben werde. K. beginnt wieder, das Gericht zu kritisieren, doch der Kaplan schreit ihn an. Daraufhin erzählt er K. die Parabel „Vor dem Gesetz" und sie diskutieren über die verschiedenen Auslegungen und Interpretationsmöglichkeiten. Da K. keinen Sinn in der Diskussion sieht, verlässt er den Dom und geht zurück zur Arbeit.

8

Zehntes Kapitel
Ende

Am Vorabend des 31. Geburtstags wird K. von zwei dicken, bleichen, ganz in schwarz und mit Zylinder gekleideten Männern abgeholt. Zu Beginn denkt er, dass es Schauspieler sein könnten und er überlegt Widerstand zu leisten. Diesen gibt er jedoch bald auf und führt die Männer an einen verlassenen und öden Steinbruch. Kurz vor seinem Tode fragt sich K., wo der Richter und das Hohe Gericht seien. Er stirbt, weil einer der Herren ihm ein Fleischermesser in das Herz bohrt. Mit den Worten „Wie ein Hund" (S.223 Z. 6), befördern die Männer K. aus dem Leben, so als ob die Scham ihn überleben solle.

Personenbeschreibung

Josef K.

Josef K. ist der Protagonist des Dramas. Er ist 30 Jahre alt und arbeitet als Prokurist in einer Bank. Zu seiner Familie hat er wenig Kontakt, er lebt isoliert in der Pension der Frau Grubach und hat außer seinem Stammtisch und einem wöchentlichen Besuch bei Elsa, die vermutlich seine Geliebte ist, keine sozialen Kontakte. Ohne Vorwarnung wird er an seinem 30. Geburtstag verhaftet, jedoch solle er danach weiterleben als wäre nichts geschehen, außer dass er Untersuchungen besuchen müsse. Er hat eine starke Anziehungskraft auf das andere Geschlecht und seinen eigenen Kopf. Anstatt sich mit seiner Verhaftung abzufinden oder der Verteidigung zu befassen, ist ihm der Prozess anfangs egal und er will die Strukturen des Gerichtes verbessern. Dies gelingt ihm jedoch trotz Hilfegesuchen bei vielen dem Gericht nahen Menschen nicht. Auch die vielen Frauen, die er für seinen Prozess gewinnen will, um die Persönlichkeiten des Gerichts zu manipulieren, können ihn nicht weiterbringen. Am Vorabend seines 31. Geburtstags erhält er sein Urteil und wird mit einem Fleischermesser erstochen.

9

Advokat Dr. Huld

Advokat Huld ist ein Freund von K.s Onkel. Da dieser vom Prozess erfährt, bringt er K. zum Advokaten, damit dieser sich mit der Verteidigung befasse. Er ist krank und bettlägerig, als er jedoch vom Prozess erfährt, ist er wie ausgewechselt und will K. vertreten. Seine bedeutenden Kontakte zum Gericht und vor allem zu den hohen Persönlichkeiten könnten von Vorteil für K. sein. Des Weiteren hält er langatmige Reden und lässt K. nicht viel Einblick in die genauen Prozessabläufe, vertröstet ihn aber immer, dass es langsam vorangehe. Genau deshalb entzieht K. ihm die Verteidigung bald wieder. Wie Kaufmann Bock zum Beispiel, vertritt der Advokat auch andere Klienten, aber nicht viele, da er, wenn er jemanden vertritt, voll und ganz für diesen einstehen will. Mit seiner Pflegerin Leni hat er eventuell auch ein Liebesverhältnis.

Fräulein Bürstner

Fräulein Bürstner bewohnt in Frau Grubachs Pension das Zimmer neben K. Sie strebt eine Stelle als Kanzleikraft in einem Advokatenbüro an. Mit K. wechselt sie lediglich Grußworte, in der Nacht seiner Verhaftung unterhalten sie sich jedoch, und K. küsst sie zum Abschluss ohne deren Zustimmung. Weitere Versuche K.s, Kontakt zu ihr aufzunehmen, vermeidet oder ignoriert sie, und lässt ihn dies durch ihre Freundin auch wissen.

Frau Grubach

Frau Grubach besitzt die Pension, in welcher K. lebt. K. ist ihr liebster Mieter und sie würde alles für ihn tun, jedoch steuert er auch am meisten Geld bei und sichert so das finanzielle Überleben der Pension. Sie hat öfters Meinungsverschiedenheiten mit K., da sie sich unvorsichtig äußert, jedoch versöhnen sich beide auch immer wieder.

10

Leni

Leni ist die Pflegerin vom Advokaten Huld und kümmert sich hingebungsvoll um diesen. Sie liebt alle Angeklagten, die der Advokat vertritt, so auch K., von dem sie regelrecht besessen scheint. So sieht sie sich als seine Geliebte, als er sie küsst, und gibt ihm sogar einen Hausschlüssel mit, damit er sie besuchen könne. Aber auch für K.s Prozess kann sie hilfreich sein, da sie wichtige Informationen über das Gericht besitzt.

Titorelli

Titorelli ist der Gerichtsmaler. Er bietet K. Hilfe in dessen Prozess an, da er die Richter persönlich kennt und vermitteln könnte. Um seinen Beruf fürchtet er dabei nicht, da es viele Geheimnisse dafür braucht und der Beruf vererbt wird. Seine Wohnung befindet sich wie die Gerichtskanzleien auf dem Dachboden und die Luft dort ist sehr schlecht. Aufgrund seiner Erfahrung bei Gericht ist er der Ansicht, dass niemand einen völligen Freispruch erreichen könne.

Der Gefängniskaplan

Der Gefängniskaplan weiß, dass es um K.s Prozess schlecht stehe und er für ihn ungünstig enden werde. Als er ihn im Dom antrifft, erzählt er K. die Parabel „Vor dem Gesetz" und sie diskutieren jede mögliche Auslegung. Auf K. wirkt der Geistliche vertrauenswürdig, trotz der Tatsache, dass auch er zum Gericht gehöre.

11